Positive Psychologie für Einsteiger

Wie Sie die verborgenen Potentiale der menschlichen Psyche nutzen, um ein glückliches und sinnerfülltes Leben zu führen – inkl. Affirmationen für Achtsamkeit, Dankbarkeit und Flow-Erleben

Sebastian Thiele

INHALT

Das erwartet Sie in diesem Ratgeber

Die positive Psychologie hat einen neuen Blick auf den Menschen zugelassen, der sich durch seinen inneren Antrieb zur Selbstverwirklichung kennzeichnet. Sie stellt sich vor allem die Frage, welche Komponenten zu einem glücklichen und sinnerfüllten Leben des Menschen führen können. Im Folgenden werden vorwiegend drei Möglichkeiten vorgestellt, um das eigene Glück im Alltag zu erhöhen. Dazu gehören Strategien der Achtsamkeit, das Erzeugen von Flow-Erlebnissen sowie auch das Nutzen von Charakterstärken.

Zudem wird ein Überblick dazu geliefert, wie diese Strategien sich in der positiven Psychologie etabliert haben. Um ein gesteigertes Verständnis des Zweiges der positiven Psychologie zu bekommen, werden Ihnen zunächst die Grundlagen der humanistischen Ansätze dargelegt, aus welchen sich die positive Psychologie entwickelt hat.

Hierbei lernen Sie die großen Vertreter der Humanisten und ihre Theorien kennen, wie Abraham Maslow, Carl Rogers oder Ed Diener. Außerdem wird ein umfassender Rahmen zu den gesellschaftlichen und individuellen Faktoren, die auf das eigene, subjektive Wohlbefinden wirken, geliefert. Diese Erkenntnisse werden Ihnen dabei helfen, ein positiveres und glücklicheres Leben zu führen. Es wird ein integratives und umfassendes Bild der positiven Psychologie präsentiert, um das eigene Leben neu und sinnerfüllter gestalten zu können.

Humanistische Ansätze der Psychologie

Die positive Psychologie, um die sich die folgenden Seiten drehen werden, ist eine aus den humanistischen Ansätzen der Psychologie entstandene Teildisziplin. Die humanistische Psychologie entwickelte sich zunächst als Gegenbewegung zu den lerntheoretischen Ansätzen sowie den psychodynamischen Ansätzen gegen Mitte des 20. Jahrhunderts. Sie nahmen somit die „dritte Kraft" neben der Verhaltenstherapie und auch der Psychoanalyse ein, die auch heute noch eine große Rolle spielen. Die Humanisten lehnten das pessimistische Menschenbild der Analytiker ab, welche annahmen, dass das Verhalten eines jeden Menschen durch seine unbewussten Triebe gesteuert ist.

Diese Idee entstammt den frühen Theorien von Sigmund Freud, dem sogenannten Urvater der Psychoanalyse. Die Lerntheoretiker gingen davon aus, dass das Verhalten des Menschen das Ergebnis seiner Verstärkergeschichte ist. Das bedeutet, dass ein Mensch durch Belohnung oder auch Bestrafung in seinem Leben gelernt hat, wie er sich am besten zu verhalten hat. Hat der Mensch in seiner Kindheit also eine Belohnung bekommen, wenn er eine gute Note nach Hause brachte, und wurde womöglich mit Liebesentzug bestraft, wenn eine schlechte Note präsentiert wurde – dann erlernt er somit, das gewünschte Verhalten immer wieder zu zeigen.

Die humanistischen Ansätze fußten nun auf neuen Grundsätzen. Sie gingen zunächst phänomenologisch an den Menschen heran. Das bedeutet, dass der Fokus vor allem auf die subjektiven und bewussten inneren Prozesse des Menschen gelegt wurde. Seine eigene Sicht auf die Welt wurde als zentral hervorgehoben. Zudem wurde die Willensfreiheit des Menschen betont. Der Mensch ist demnach in der Lage, frei zu wählen und zu entscheiden, und zeichnet sich durch ein hohes Maß an Autonomie aus. Nach den Humanisten strebt jeder Mensch vor allem danach, seinem Leben einen Sinn zu verleihen. Er lebt nach bestimmten Werten und Moralvorstellungen und strebt nach persönlichen Zielen. Das Menschenbild wandelte sich also zu einem Menschen, der die Summe seiner vielen unterschiedlichen Bestandteile ist und nach Selbstverwirklichung strebt. Insgesamt war die humanistische Psychologie erstmals auf ein sehr positives Menschenbild ausgerichtet und legte ihren Fokus auf das Wachstum eines jeden Individuums. Vor allem sollten die Selbstheilungskräfte eines Menschen erweckt werden, um ihm dabei zu helfen, sich selbst zu verwirklichen.

Was ist die positive Psychologie?

D ie Psychologie, wie sie bis dahin bekannt war, beschäftigte sich zunächst vor allem mit den Abgründen des menschlichen Daseins. Auch heute kennen wir die Psychologie vor allem in Verbindung mit psychischen Erkrankungen wie Depressionen oder auch einfach in Verbindung mit negativen Emotionen wie Aggressivität, Trauer und Frustration. Allein in Deutschland legen Schätzungen nahe, dass vier bis fünf Millionen Menschen an

Depressionen leiden. Die positive Psychologie beschäftigt sich nun, wie der Name erahnen lässt, vor allem mit den positiven Aspekten der menschlichen Existenz. Entsprungen ist dieser Begriff zunächst durch Abraham Maslow, welcher zu den frühen Humanisten zählte. Aufgegriffen wurde die Idee dann erneut von Martin Seligman, welcher sich im späteren Verlauf noch genauer mit diesem Konzept auseinandersetzte.

Sie legt ihren Fokus vielmehr auf die Tugenden als auch die Resilienz eines Menschen, die ihn dazu befähigen, mit Stress umzugehen und den schwierigen Momenten in seinem Alltag gerecht zu werden. Es geht um eine optimistische Grundhaltung im Leben und das Erleben von Glück, welches möglichst erhöht werden sollte. Wenn diese Gebiete Ihr Interesse geweckt haben, ist dieser Ratgeber für Sie genau das Richtige.

Im Verlauf werden Sie an Methoden herangeführt, die sich als besonders effektiv herausgestellt haben, was das Erzeugen von Glück anbelangt. Die positive Psychologie beschäftigte sich ausführlich mit der Frage, welche Komponenten dazu führen, dass Menschen ein glückliches und sinnerfülltes Leben führen. Diese Komponenten können dabei helfen, Depressionen entgegenzuwirken oder auch einfach das eigene Leben zu optimieren.

DIE BEDÜRFNISPYRAMIDE NACH ABRAHAM MASLOW

Abraham Maslow war ein US-amerikanischer Psychologe, welcher die humanistischen Ansätze der Psychologie zunächst ins Leben rief und in den 50er-Jahren den Begriff der positiven Psychologie einführte. Ein wichtiges Modell seiner Forschungen stellt die sogenannte Bedürfnispyramide des Menschen dar. In dieser geht er davon aus, dass Menschen angeborene Bedürfnisse haben, die sich in ihrer Wichtigkeit unterscheiden.

Somit lassen sich diese in einer hierarchischen Ordnung darstellen, wodurch sich eine Pyramide ergibt. Unten stehen die basalsten und besonders wichtigen Bedürfnisse des Menschen. Erst, wenn die Bedürfnisse der unteren Stufen erfüllt sind, werden die darauf aufbauenden Stufen relevant. Besonders basale Bedürfnisse des Menschen stellen die körperlichen Komponenten dar, welchen ständig nachgekommen werden muss, wie Hunger, Durst oder Schlaf.

Darauffolgend befinden sich Bedürfnisse, wie die materielle Sicherheit, aber auch eine gewisse Berechenbarkeit der Umwelt. Darüber befinden sich die sozialen Beziehungen, die für jeden Menschen unabdingbar sind, wie Intimität und Gemeinschaft. Darauf aufbauend bestehen Bedürfnisse der sozialen Anerkennung des Menschen, wie die Achtung und Wertschätzung. Diese genannten Bedürfnisse werden von Maslow außerdem als sogenannte Mangelbedürfnisse bezeichnet. Sie zeichnen sich dadurch aus, dass sie dem Prinzip des Gleichgewichts folgen und darauf ausgelegt sind, einen Mangel zu beseitigen. Ein Mangel dieser Komponenten geht mit unangenehmem Empfinden einher und motiviert dadurch den Menschen, diesen Mangel zu beseitigen. Ein einfaches Beispiel wäre der Hunger, der das Individuum dazu motiviert, etwas zu essen, um zu einem Zustand der Sättigung zu gelangen.

Mangelbedürfnisse haben also die Eigenschaft, mit Befriedigung abzunehmen. Nach Maslow gibt es jedoch auch ein sogenanntes Wachstumsbedürfnis, welches in seinem Modell die Spitze der Pyramide einnimmt. Dieses ist das Bedürfnis nach Selbstverwirklichung. Der Mensch hat hierbei das Bestreben, sein volles Potenzial zu entfalten und auszuleben. Nach Maslow stellt diese Komponente das wichtigste Leitmotiv eines Menschen dar. Aber was ist nun ein Wachstumsbedürfnis?

Im Gegensatz zu allen anderen Bedürfnissen bleibt das Streben nach Selbstverwirklichung immer relevant. Es kommt demnach nie zu einer vollkommenen Befriedigung. Wenn die Person ein bestimmtes Ziel erreicht, werden darauf immer neue und höhere Ziele gesteckt, die sie erreichen möchte. Eine Person, die also Klavier spielen lernt, gibt sich nicht damit zufrieden, wenn sie es schafft, ein einfaches, erstes Stück zu spielen, sondern versucht, sich immer weiter dabei zu steigern.

CARL ROGERS KONZEPT DER „FULLY FUNCTIONING PERSON"

Ein weiterer bedeutsamer Vertreter der humanistischen Psychologie war Carl Rogers. Dieser war ein US-amerikanischer Psychologe und Psychotherapeut, welcher die Gesprächspsychotherapie, auf dem humanistischen Ansatz basierend, ins Leben rief. In seinem Verständnis zeichnet sich der Mensch durch Wert und Würde aus, wobei das höchste und wichtigste Leitmotiv das Streben nach Selbstverwirklichung darstellt. Nach seiner Vorstellung ordnet jeder Mensch also seine Erfahrungen im Alltag in diese Kategorie ein und entscheidet, ob das eigene Verhalten zu dieser

Aktualisierung beiträgt oder nicht. Einen weiteren wichtigen Punkt in dieser Theorie stellt nach Rogers das Bedürfnis nach Wertschätzung dar. Menschen haben das grundlegende Bedürfnis, von anderen Personen wertgeschätzt zu werden, was vor allem für solche Menschen gilt, die ihnen sehr wichtig sind. Oftmals werden Personen nur dann wertgeschätzt, wenn sie bestimmte Bedingungen erfüllen.

Gerade durch die unbedingte Wertschätzung kann der Mensch jedoch seiner Selbstverwirklichung näherkommen, weshalb ein guter Psychotherapeut nach Rogers seinen Patienten mit dieser bedingungslosen Form der Wertschätzung gegenübertritt. Sein Therapieansatz ist klientenzentriert und non-direktiv. Das bedeutet, dass Therapeut und Patient sich auf Augenhöhe begegnen und keine Lenkung des Therapeuten in eine bestimmte Richtung erfolgen darf. Außerdem sollte ein guter Therapeut nach Rogers seinem Patienten mit Empathie entgegentreten. Er soll die Gefühle des Patienten widerspiegeln und ihm somit helfen, eine bessere Einsicht in sein inneres Erleben zu erlangen.

Ebenfalls ist es wichtig, dass Transparenz herrscht. Es geht hierbei darum, dass der Therapeut seinem Patienten mit Aufmerksamkeit, Offenheit,

Echtheit und Wärme entgegentritt, ohne Bewertungen vorzunehmen.

Weitere Bausteine des Konzeptes stellen die Begriffe des Ideal- und Real-Selbst dar. Das Ideal-Selbst einer Person bestimmt sich daraus, wie sie selbst gern sein möchte. Das Real-Selbst hingegen ist das, wie die Person sich wirklich sieht. Im Idealfall sollte es im Alltag eines Menschen zu einer ständigen Passung dieser beiden Komponenten kommen, was jedoch nicht immer der Fall ist. Wenn es hier zu einer Inkongruenz kommt, also Ich-Ideal und das Real-Selbst nicht übereinstimmen, kann es zu einem Angsterleben kommen.

Wenn jedoch eine vollständige Kongruenz erfolgen würde, würde nach Carl Rogers eine „fully functioning Person" entstehen. Diese theoretische Idealvorstellung ist jedoch in der Realität nicht vollkommen erreichbar. Jedoch ist es sehr wohl das Ziel, dieser im eigenen Leben immer näherzukommen, sodass sich der Mensch seinem eigenen Ideal von sich selbst immer weiter annähert. Somit kann außerdem auch mehr Zufriedenheit und Glück entstehen. Es lohnt sich also, einmal zu reflektieren und sich zu fragen, ob Sie Ihrem Ideal-Selbst nahe fühlen oder noch nicht. Was können Sie selbst verändern, um dieser Passung in Zukunft etwas näherzukommen? Schreiben Sie sich gern etwas dazu auf. Es kann sehr spannend sein, diese Notizen nach einiger Zeit noch einmal zu lesen. Vielleicht tun Sie dies nach einigen Monaten oder sogar Jahren. Haben Sie sich in dieser Zeit annähern können oder hat sich auch an Ihrer eigenen Idealvorstellung in der verstrichenen Zeit etwas verändert?

Persönlichkeit und unser Glücks- empfinden

Auch die Persönlichkeit eines Menschen kann einen Einfluss darauf haben, wie glücklich dieser ist. Hierzu gab es Forschungen zu unterschiedlichen Persönlichkeitseigenschaften und in welcher Verbindung diese mit dem erlebten, subjektiven Wohlbefinden standen. Spannend waren vor allem die Zusammenhänge mit den Big-Five-Persönlichkeitseigenschaften. Es handelt sich dabei um fünf Persönlichkeitsdimensionen, die in der psychologischen

Forschung häufig betrachtet werden, da sie international bekannt sind. Es gibt zum einen die Dimension der Extraversion, welche vielen Menschen ein Begriff ist. Stark extravertierte Menschen sind lebensfroh und gesellig. Zudem sind sie gesprächige Menschen, im Gegensatz zu introvertierten Mitmenschen. Diese hingegen verhalten sich meist zurückhaltend und tendieren zu einem höheren Maße an Schüchternheit.

Die zweite Dimension, die betrachtet wurde, ist die Gewissenhaftigkeit. Hoch gewissenhafte Personen sind zielorientiert und ordentlich, aber auch zuverlässig und diszipliniert. Menschen, die gering gewissenhaft sind, sind vorwiegend unbeschwert und nachlässig. Die nächste relevante Eigenschaft ist die Verträglichkeit eines Menschen. Dies ist die prosoziale und gemeinschaftliche Orientierung und zeichnet sich durch Gutmütigkeit und Hilfsbereitschaft aus, wie auch Freundlichkeit im Allgemeinen. Gering verträgliche Personen sind somit eher streitlustig und wetteifernd.

Es gibt zudem die Persönlichkeitsdimension der Offenheit, die in diesem Persönlichkeitsansatz genannt wird. Menschen, die sehr offen sind, können sehr fantasievoll, interessiert und kreativ sein, während der Gegenpol dessen sich durch Bodenständigkeit und Einfachheit auszeichnet. Die letzte wichtige Eigenschaft dieses Modells ist der Neurotizismus.

Hoch neurotische Menschen sind vor allem Stress-anfällig, nervös und ängstlich, während gering neurotische Menschen selbstsicher, robust und emotional stabil sind. Die durchgeführten Untersuchungen zu diesen Eigenschaften im Zusammenhang mit dem empfundenen Glück ergaben vor allem wichtige Effekte bei den Komponenten Neurotizismus und Extraversion. Es stellte sich heraus, dass sehr extravertierte Individuen, die also mehr aus sich heraus gingen, besonders glücklich waren. Auf der anderen Seite gab es negative Relationen zu Neurotizismus, die beobachtet werden konnten. Personen, die besonders neurotisch waren und somit eher ängstlich, nervös und Stress-anfällig, waren weniger glücklich als ihre emotional stabilen Mitmenschen.

Diese Befunde sind sehr interessant und legen nahe, dass das Glück eines Menschen stark durch seine Persönlichkeit mitbedingt sein kann. Diese ist jedoch nur schwierig veränderbar und vor allem durch genetische Veranlagung sowie der Umwelt, der wir als Kind ausgesetzt waren, beeinflusst. Wenn die Persönlichkeit aber nun nicht oder kaum veränderbar ist, was sind dann die Stellschrauben, auf die Sie einen Einfluss haben, um Ihrem Glück auf die Sprünge zu helfen? Hierzu gibt es unterschiedliche Konzepte, auf die im Folgenden vertieft eingegangen wird.

Welche Faktoren bestimmen unser Wohlbefinden?

Weitere umfassende Forschungen zu dem subjektiven Wohlbefinden der Menschen wurden von dem US-amerikanischen Psychologen Ed Diener durchgeführt. Dieser beschäftigte sich über einen langen Zeitraum vor allem mit der Glücksforschung im Kulturvergleich. Hierbei ließen sich einige wichtige Komponenten herausstellen, die einen großen Einfluss auf das Wohlbefinden einer Person nehmen können. Insgesamt lässt sich jedoch sagen, dass der überwiegende Teil der Bevölkerung sich als glücklich mit der Gesamtsituation beschreibt. In einer repräsentativen Umfrage in den USA beliefen sich die Werte auf 83 % der US-Bürger, die sich als überwiegend glücklich mit ihrem Leben beschrieben.

EINKOMMEN

Diener konnte einen deutlichen Effekt des Einkommens einer Person mit ihrem empfundenen Glück nachweisen. Wenn das Bruttoinlandsprodukt eines Landes steigt, dann steigt ebenfalls das mittlere subjektive Wohlbefinden der dort lebenden Menschen an. Auch der unverhoffte Gewinn von Geld kann einen langfristigen positiven Effekt nach sich ziehen, obwohl ein großer Einkommensverlust einen stärkeren Effekt auf das Befinden einer Person hat.

Aus dem World Happiness Report gehen vor allem solche Nationen als Sieger und damit besonders glücklich hervor, die als reiche Industrienationen gelten. Im Jahr 2017 waren die ersten drei Plätze von den Ländern Norwegen, Dänemark und Island belegt. Des Weiteren folgten Länder wie die Niederlande, Finnland, die Schweiz und Kanada. Jedoch sind diese hohen

Zufriedenheitswerte nicht allein auf das Einkommen zu beziehen. Auch die Gesundheitsversorgung und soziale Fürsorge sind in solchen Nationen Gründe des hohen Wohlbefindens, wie auch die demokratische Freiheit der Menschen.

RELIGION UND LEBENSUMSTÄNDE

Durch den Blick auf unterschiedliche Kulturen ließen sich jedoch weitere interessante Zusammenhänge erkennen. Ed Diener konnte aufzeigen, dass Menschen, welche religiös waren, ein höheres Glücksempfinden aufwiesen als solche, die sich nicht als religiös bezeichneten. Diese Effekte ließen sich zudem bei unterschiedlichen Religionsgemeinschaften, wie Christen, Juden, Muslimen und Buddhisten, verzeichnen.

Mögliche Ursachen für diese Ergebnisse könnte die soziale Unterstützung sein, die die Religionsgemeinschaft dem Menschen bietet. Zudem könnte es durch die Religion zu einem erhöhten Erleben von Sinnhaftigkeit kommen. Religiöse Praktiken stellen zudem wiederkehrende Rituale dar, in denen die Person betet oder auch meditiert. Es ließen sich besonders hohe Zusammenhänge in solchen Ländern finden, in denen schwierige Lebensumstände herrschen. In solchen Bereichen der Welt herrscht mehr Hunger und besteht demnach eine geringere Lebenserwartung als in reichen Industrienationen. Auch sind die Effekte des höheren Wohlbefindens höher in Ländern, in denen generell eine höhere Religiosität in der Allgemeinbevölkerung vorherrscht. Die allgemeinen Lebensumstände haben demnach auch einen großen Einfluss auf das Befinden der Bevölkerung, sodass die Zufriedenheitswerte der Menschen in Industrienationen wie den USA und Deutschland besonders hoch ausfallen.

INDIVIDUELLE LEBENSEREIGNISSE

In seinen Forschungen zu diesem Thema konnte Diener zudem erkennen, dass bestimmte Lebensereignisse einen Effekt auf das subjektive Wohlbefinden haben können. Die Heirat eines Menschen kann demnach einen kurzfristigen positiven Effekt auf die allgemeine Stimmung eines Menschen haben, während eine Scheidung zu negativen Gefühlen führen kann. Jedoch ist es bei vielen dieser Ereignisse so, dass diese Veränderung nicht langfristig bestehen bleibt. Kritische und lebensverändernde Einschnitte wie der Tod eines Lebenspartners können jedoch auch einen jahrelangen Einfluss auf das Befinden eines Individuums haben.

GESUNDHEIT

Die eigene körperliche und psychische Gesundheit steht auch mit dem eigenen Wohlbefinden in Verbindung. Eine Beeinträchtigung der körperlichen Gesundheit kann also einen negativen Effekt auf unser Glücksempfinden haben. Es zeigen sich jedoch weniger starke Effekte, als sich erwarten ließen. Auch Menschen mit einer Krebserkrankung, oder einem Diabetes geben trotzdem ein recht hohes Wohlbefinden an.

SOZIALE BEZIEHUNGEN

Einen weiteren wichtigen Faktor nehmen die sozialen Beziehungen einer Person ein, da ein gutes soziales Netzwerk einen positiven Effekt auf das Allgemeinbefinden haben kann. Zum einen ließ sich in bisherigen Forschungen erkennen, dass verheiratete Menschen höhere Werte des Wohlbefindens erzielen als unverheiratete Personen. Diese Effekte sind jedoch recht klein und stehen in Diskussion, ob eine Heirat einen deutlich langfristigen Verlauf auf die Zufriedenheit des

Individuums nimmt. Auch die Anzahl und die Qualität der sozialen Beziehungen hängen positiv mit dem subjektiven Wohlbefinden des Menschen zusammen. Darunter fällt zudem die mit Freunden verbrachte Zeit. Es konnte außerdem die Beobachtung gemacht werden, dass das Investieren von Geld in gemeinsame Erlebnisse mit einem höheren Glücksempfinden einhergeht als die Investition in materielle Güter.

Wie sich das Wohl-befinden auf unser Leben auswirken kann

Nun haben Sie einige Einblicke in die For-schungen zu dem Thema des subjektiv emp-fundenen Glücks der Bevölkerung bekom-men. Diese Befunde ließen sich außerdem kulturüber-greifend finden. Aber auch unser Wohlbefinden hat wiederum Effekte auf unterschiedliche Aspekte des Le-bens. Es lassen sich also in beide Wirkrichtungen zu diesem Thema interessante Zusammenhänge finden, die dabei helfen können, das eigene Leben zu verbessern. Wie Sie in dem vorherigen Abschnitt erfahren haben, kann die Gesundheit einen Einfluss auf das Befinden eines Menschen haben.

Aber auch in umgekehrter Richtung lassen sich Beobachtungen machen, dass das Wohlbefinden der Person einen Effekt auf die Gesundheit haben kann. Ein hohes subjektives Wohlbefinden hängt beispielsweise mit einer verbesserten Immunabwehr zusammen. Zudem wird von Personen, die sich glücklicher fühlen, auch ein angemesseneres Gesundheitsverhalten gezeigt, indem sie weniger rauchen und Alkohol konsumieren. Gleichzeitig treiben sie mehr Sport und ernähren sich besonders gesund. Personen, die sich gut fühlen, zeichnen sich auch durch eine erhöhte Gewissenhaftigkeit bei der Medikamenteneinnahme aus und nehmen Vorsorgeuntersuchungen wahr.

Auch der genannte Punkt der sozialen Beziehungen weist eine beidseitige Wirkrichtung auf. Menschen mit einem hohen subjektiven Wohlbefinden führen mehr Gespräche mit ihren Mitmenschen, die zudem tiefgründiger sind. Auch die sozialen Fertigkeiten im Allgemeinen sind besser ausgeprägt. Es gibt zudem Befunde dazu, dass Personen, die glücklich sind, länger leben als solche, die sich als unglücklich bezeichnen. Zuletzt hat das Wohlbefinden einer Person auch einen bedeutsamen Einfluss auf das Arbeitsleben und auf die gesellschaftliche Ebene. Menschen, die sich gut fühlen, sind zum einen erfolgreicher bei der Arbeitssuche und haben oftmals mehr Berufserfolg, sind zufriedener in ihrem Job und haben außerdem ein höheres Einkommen. Auch werden weniger Fehltage verzeichnet bei Menschen, die vorwiegend glücklich mit ihren Lebensumständen sind.

Somit hat das Thema eine hohe Relevanz auf gesellschaftlicher Ebene, das Gesundheitssystem und die Arbeitswelt. Im World Happiness Report von 2017 ergaben sich auch hier die Erkenntnisse, dass vor allem die Faktoren Arbeitslosigkeit und schlechte Arbeitsbedingungen dafür sorgen, dass die Bevölkerung eines Landes unzufrieden ist. Ebenfalls kann eine mangelnde soziale Absicherung hierzu beitragen.

DER GESUNDHEIT ETWAS GUTES TUN

Da Sie die Zusammenhänge von Gesundheit und Ihrem persönlichen Wohlbefinden nun kennengelernt haben, können Sie dieses Wissen für sich nutzen. Indem Sie auf unterschiedlichen Wegen Ihrer Gesundheit etwas Gutes tun, können Sie Ihr eigenes Glück in die Hand nehmen. Hierzu bietet es sich zum einen an, einen Sport zu suchen, dem Sie gern nachgehen, da Sie somit Ihren Körper unterstützen können. Aber auch auf die Psyche hat das Treiben von Sport einen erheblichen positiven Effekt. Dieser Zusammenhang ergibt sich jedoch nur, wenn Sie einem Training nachgehen, das Ihnen auch Spaß macht. Probieren Sie also verschiedene Sportarten aus. Niemand sollte sich dazu zwingen müssen. Ob Sie sich entscheiden zu joggen, zu schwimmen, Fahrrad zu fahren oder Yoga zu praktizieren. Jede Art der Bewegung wird Ihnen guttun.

Auch Teamsport kann durch die erlebte Gemeinschaft einen positiven Einfluss auf Ihre Verfassung haben. Hier bieten sich Ballsportarten wie Basket- oder Handball an oder auch das Tanzen mit einem Partner. Für andere bietet sich vielleicht eher der Kraftbereich an oder das Arbeiten mit Tieren. Auch der Kontakt zu

Tieren kann die Psyche im Positiven beeinflussen. Nicht selten werden Tiere wie Hunde und Pferde auch in therapeutischen Kontexten eingebunden.

Wenn Sie also gern reiten oder auch nur mit Ihrem Hund lange Strecken zu Fuß zurücklegen, wird sich dies bei Regelmäßigkeit langfristig positiv auf Ihre Gesundheit auswirken. Jede Investition in diese wird sich auszahlen. Auch schon kleine Ziele können dabei helfen, ein vitaleres und auch glücklicheres Leben zu führen. Es empfiehlt sich zudem, den Genuss von Rauschmitteln wie Alkohol und Zigaretten einzuschränken oder zumindest zu reduzieren. Ihr Körper wird es Ihnen danken.

SOZIALE NETZWERKE PFLEGEN

Hervorzuheben in Verbindung mit der psychischen Gesundheit und damit auch dem persönlichen Glück sind die sozialen Beziehungen eines jeden Menschen. Gute und erfüllende Beziehungen haben einen immensen Einfluss auf die psychische Gesundheit und Lebensfreude. Die Anzahl der Freunde, aber vor allem die Qualität von Freundschaften wirkt sich besonders positiv auf das Wohlbefinden aus.

In unserem Alltag kann es oft dazu kommen, dass gute Beziehungen unter dem aufkommenden Stress leiden und langsam verblassen. Jedoch können Gespräche mit den Liebsten stressige Situationen erträglicher machen und bei vielen Problemen sogar mit einem guten Rat oder Gefallen zur Seite stehen. Vor allem in diesen Krisenzeiten, in denen Sie vielleicht gern aus Zeitgründen die Beziehungen schleifen lassen, sollten Sie sich ab und an daran erinnern, dass diese Ihnen Halt und Unterstützung geben können. Das Bedürfnis nach sozialen Beziehungen ist tief in jedem Menschen verankert. Menschen sind also soziale Wesen und waren vor allem in der Stammesgeschichte von der Gemeinschaft mit anderen abhängig. Es gibt also evolutionsbiologische Mechanismen in uns, denen wir uns nicht entziehen können. Es gibt sogar Studien dazu, dass Freundschaften einen positiven Einfluss auf unser Immunsystem nehmen. Personen, die sich regelmäßig mit ihren Bekannten umgeben, berichten zudem von einem höheren Selbstwertgefühl als solche, die nur wenige soziale Kontakte pflegen.

KONZENTRIEREN SIE SICH AUF IHRE STÄRKEN

Ein wichtiger Faktor ist nach Seligman die Stärkenorientierung. Jeder von uns hat eigene, individuelle Stärken, die für uns selbst, aber auch für andere Personen hilfreich sein können. Vielleicht kennen Sie Ihre eigenen Vorzüge schon sehr gut, jedoch kann es helfen, sich diese noch einmal bewusst vor Augen zu führen. Vielleicht sind Sie ein Organisationstalent, eine sehr ehrliche Persönlichkeit oder Sie zeichnen vor allem Ihr Humor und Ihre Zuverlässigkeit aus. Seien Sie sich Ihrer Talente bewusst. Außerdem können Sie in diesem Zuge auch einen Blick auf Ihre vermeintlichen Schwächen werfen. Vielleicht bezeichnen Sie sich selbst als vergesslich. Auch diese Anteile gehören zu uns und haben ihre Berechtigung. Vielen unserer weniger liebsamen Eigenschaften sind wir jedoch nicht automatisch vollkommen ausgeliefert.

Wir können eigene Wege und Lösungen im Umgang mit ihnen finden. Schreiben Sie sich beispielsweise einfach eine Liste, wenn Sie es von sich kennen, wichtige Dinge zu vergessen. Auf der anderen Seite kann es sein, dass Sie eine wahrgenommene Schwäche haben, die gar nicht in jedem Falle als solche gelten muss. Vielleicht sind Sie sehr ruhig, zurückhaltend und nehmen in Gesprächen eher die passive Rolle ein.

Oft werden wir in dieser westlich geprägten Welt dazu verleitet, auch solche Eigenheiten als nachteilig zu bewerten. Für andere Personen könnte Ihre unaufdringliche Art auch ganz anders wirken, als Sie es denken. Sie können vielleicht besonders gut zuhören und bieten Ihren Mitmenschen somit einen Raum, Ihre Gefühle mitzuteilen und zu reflektieren. Wir alle haben unsere Stärken und Schwächen. Wichtiger ist es, diese selbst gut zu kennen, um möglichst effektiv und zielführend mit ihnen arbeiten zu können.

REALISTISCHE ZIELE SETZEN

Ein wichtiger Bereich der positiven Psychologie ist auch das bewusste und realistische Setzen von Zielen. Sie kennen bestimmt das befriedigende Gefühl, wenn Sie ein Ziel, auf das Sie schon lange hinarbeiten, endlich erreichen. Ein solcher Moment kann sehr belohnend sein. Jedoch kennen Sie vielleicht auch Phasen in Ihrem Leben, in denen Sie sich übernommen haben. Wenn die Ziele, die wir uns setzen, unrealistisch hoch sind oder wir uns zu viele Dinge auf einmal vornehmen, kommt es schnell zur Überforderung. Viele

Menschen tendieren dazu, sich sehr hohe Ziele zu setzen, wenn sie etwas Neues erreichen möchten.

Vielleicht kennen Sie das von den klassischen Neujahrsvorsätzen. Im nächsten Jahr wollen Sie wieder durchstarten und alles besser machen als zuvor. Schnell tendieren wir aber dazu, Ziele anzuvisieren, die in unserem Alltag schwer umzusetzen sind. Dies sieht man gut an dem beliebten Vorsatz mehr Sport zu treiben und gesünder zu essen, um fitter zu werden und auf diesem Weg ein paar Kilos zu verlieren. Das neue Ziel ist schnell gesetzt. Jeden Tag gesund und frisch zu kochen, es soll jeden Tag Gemüse geben, keine Schokolade mehr und Sie möchten von nun an vier Tage die Woche ins Fitnessstudio gehen. Außerdem wollen Sie 15 Kilo abnehmen, denn das wollten Sie sich schon vor Jahren mal vornehmen.

Endlich haben Sie die Motivation dazu. Schnell darauf folgt dann die Ernüchterung, denn Sie haben vergessen, Ihren Alltag einzuberechnen. Sie schaffen es gar nicht, vier Einheiten die Woche Sport zu treiben, denn Sie müssen die Kinder abholen oder sich um das kaputte Gartengerät kümmern, das schon wieder vor Wochen den Geist aufgegeben hat. Auf der Arbeit haben Sie auch wieder Stress und greifen dann gern wieder in Gewohnheit zur Schokolade. Schnell sind wir dann frustriert und schon im Februar ist von den guten Vorsätzen nichts mehr übrig.

Stellen Sie sich nun vor, wie es wäre, wenn Sie sich ganz bewusst realistischere Ziele setzen würden. Vielleicht reicht es zu Anfang, einen Kurs zu besuchen, den Sie einmal die Woche zuverlässig wahrnehmen. Oder Sie starten erst einmal mit fünf Kilo, die Sie sich bis Mitte des Jahres vornehmen abzunehmen. Mit realistisch gesetzten Zielen stellen sich schneller und zuverlässiger kleine Erfolge ein, die zusätzlich motivierend wirken können. Veränderungen sind ein langwieriger Prozess, da Gewohnheiten sich erst über die Zeit hinweg etablieren und stabilisieren. Sie werden merken, dass kleine Schritte Sie langfristig zu Ihrem Ziel führen werden. Sie brauchen hierzu nur etwas mehr Zeit und Geduld.

Die eigene Resilienz erhöhen

Wie Sie jetzt bereits wissen, steht vor allem der Neurotizismus mit einer erhöhten Anfälligkeit für Stress in Verbindung. Stress jedoch kann einen Effekt auf unser Leben haben, der nicht viel mit einem glücklichen Alltag zu tun hat. Um nun die Fähigkeit auszubauen, mit diesem Stress besser umgehen zu können, ist es empfehlenswert, sich in seiner Resilienz zu stärken. Aber was ist nun Resilienz? Diese kann als eine psychische Widerstandskraft beschrieben werden, die dabei helfen kann, Krisen zu bewältigen und mit den kleinen oder großen Schicksalsschlägen des Lebens zurechtzukommen.

Diese Fähigkeit ist beeinflussbar, zu einem Teil erlernbar und kann ausgebaut werden. Resiliente Menschen haben die Fähigkeit, ihre Emotionen zu kontrollieren. Um diese selbst zu verbessern, bieten sich Übungen der Emotionsregulation an. Zudem ist eine optimistische Einstellung hilfreich. Oftmals tendieren wir Menschen dazu, bei Problemen in negativen Gedankenspiralen zu versinken. Auch Optimismus lässt sich jedoch zu einem gewissen Grad trainieren.

Resiliente Menschen haben demnach die Fähigkeit, sich bei Problemen auf die Dinge zu fokussieren, auf die sie einen Einfluss haben. Somit können sie selbstwirksam dazu beitragen, ihre Situation zu verändern und schnell eine passende Lösung zu finden. Anstatt also auf die negativen Dinge zu schauen und in einer Opferrolle zu verharren, versuchen Sie, sich regelmäßig daran zu erinnern, einen lösungsorientierten Blick einzunehmen. In dieser Haltung schaffen Sie es, Verantwortung für Ihre eigene Situation und auch für Ihr Wohlbefinden zu übernehmen.

Zudem zeichnet sich Resilienz durch die Fähigkeit aus, in überfordernden Momenten Hilfe annehmen zu können.

Ein starkes und verlässliches soziales Netzwerk ist demnach stützend und kann Ihnen eine große Last abnehmen. Denken Sie nicht, dass Sie alles allein bewältigen müssen. Veränderungen im Leben können sehr plötzlich kommen und so schnell überfordernd wirken. Schnell entsteht dann viel Stress, wenn Gefühle wie Trauer und Angst aufkommen und die Oberhand gewinnen. Anstatt sich in diesen Situationen auf die Probleme zu fokussieren, bietet es sich an, zuerst einmal eine Weile abzuwarten, bis die starken Emotionen beruhigt sind, um rationale und zielführende Entscheidungen treffen zu können.

ÜBUNGEN FÜR EINEN POSITIVEN BLICK IM ALLTAG

Um einen optimistischeren Blick auf das eigene Leben zu erlangen, bieten sich kleine Übungen an, die die positiven Aspekte des Lebens unterstreichen.

Eine Möglichkeit, um diese schönen Momente im Alltag präsenter werden zu lassen, ist das tägliche Führen eines Positiv-Tagebuches. Hierzu können Sie sich jeden Abend eine kleine Auszeit nehmen und alle positiven Momente auf das Papier bringen. Entweder schreiben Sie dazu einen Fließtext oder Sie bearbeiten jeden Tag sich wiederholende Fragen. Was ist heute besonders gut gelaufen? Mit wem hatte ich heute eine schöne Begegnung? Was war so schön daran? Stellen Sie sich selbst einfach drei bis fünf Fragen, die Sie immer wieder daran erinnern, welche Aspekte und Personen Ihr Leben bereichern.

Eine weitere Übung, die sich im Alltag anbietet, ist die Bohnen-Übung. Diese wird auch in der Verhaltenstherapie im klinischen Kontext angewandt, um mit Depressionspatienten zu arbeiten. Hierbei nehmen Sie ein paar große Bohnen oder wahlweise vergleichbare kleine Gegenstände in die linke Hosentasche. Sobald Ihnen nun über den Tag hinweg etwas Positives widerfährt, nehmen Sie eine Bohne heraus und stecken sie in die rechte Hosentasche. Am Abend können Sie dann noch einmal nachsehen, wie viele Bohnen über die vergangenen Stunden die Seiten gewechselt haben. Betrachten Sie jede einzelne Bohne noch einmal genau und erinnern sich daran, welches positive Ereignis mit dieser verbunden ist. Vielleicht wird es Tage geben, an denen es nur wenige Bohnen schaffen, in die rechte Hosentasche zu wechseln. Aber mit etwas Übung und Gewohnheit wird sich dies schnell verbessern. Vielleicht gibt es auch so positive Tage in Ihrem Leben, in denen die Bohnen gar nicht ausreichen werden.

Die drei Möglichkeiten, Ihr Glück zu erhöhen

Die positive Psychologie ging vornehmlich der Frage nach, wie sich das Glücksempfinden eines Menschen erhöhen lässt, und versuchte, konkrete Aspekte abzuleiten, die diese Emotion hervorrufen können. Es stellten sich vornehmlich drei Komponenten als besonders zielführend heraus, was das Erzeugen von Glück im Leben eines jeden Menschen anbelangt. Diese können somit in den Alltag

übernommen werden, sodass auch Sie dem Glückserleben in Ihrem Leben auf die Sprünge helfen können.

ACHTSAMKEIT

Die erste wichtige Methode, um das Glücksempfinden
steigern zu können, ist das Fördern von Achtsamkeit
in Ihrem Alltag. In der heutigen Zeit sind wir oft einem
großen, nie endenden Stress ausgesetzt, in dem wir oft
vergessen, uns Zeit für uns selbst zu nehmen und einfach einmal durchzuatmen. Kennen Sie das? Während
Sie noch im Büro sitzen und den riesigen Berg an Arbeit vor sich liegen haben, denken Sie schon daran, wie
Sie es heute am besten schaffen, noch einkaufen zu gehen und trotzdem Ihre Kinder rechtzeitig abzuholen.

Sie sind ständig in Ihrem Kopf am Planen und
Überlegen, wie sie alles unter einen Hut bringen können. Sie essen Ihr Brötchen, was Sie sich mittags in
dem ganzen Stress halbherzig einverleiben vor dem
Bildschirm und bekommen dabei gar nicht mehr bewusst mit, was Sie da gerade eigentlich essen. Sie sind
im totalen Auto-Modus. Die Achtsamkeit ist eine Methode, die mit den humanistischen Ansätzen einhergeht, denn das subjektive Erleben im Hier und Jetzt
spielt eine wichtige Rolle.

Achtsamkeit beschreibt zunächst einen vollkommen klaren Bewusstseinszustand, der es erlaubt, jede innere und äußere Erfahrung im gegenwärtigen Moment zuzulassen, ohne sie zu bewerten. Diese Methode kann Ihnen dabei helfen, das Gedankenkarussell zu stoppen, das sich im Alltag wie automatisch immer weiterdreht. Um sie zu erzeugen und zu fördern, gibt es unterschiedliche Übungen, welche Ihnen im Folgenden vorgestellt werden. Probieren Sie gern herum, welche Methode sich für Sie richtig anfühlt und besonders gut für Sie funktioniert.

FLOW-ERLEBEN

Bei dem Konzept des Erzeugens von Flow-Erlebnissen handelt es sich um ein Konstrukt nach Mihaly Csikszentmihalyi. Dieser nahm eine Analyse der Arbeitsprozesse von Künstlern, Schriftstellern und Athleten vor und identifizierte diese sogenannten Flow-Zustände. Diese zeichneten sich durch ein vollkommenes Versunken-Sein in die ausgeübte Tätigkeit aus. Der Mensch ist in diesem Zustand kaum ablenkbar und die Gedanken sind allein auf die aktuell ausgeführte Handlung konzentriert.

Ein Flow-Erlebnis kann vor allem dann entstehen, wenn die zentrale Aufgabe, die bearbeitet wird, weder zu schwer ist und somit frustrieren könnte noch zu einfach ist und somit Langeweile erzeugen könnte. Außerdem sollte die Aufgabe die intrinsische Motivation des Menschen wecken. Handlungen können selbstbestimmt sein oder fremdbestimmt. Bei fremdbestimmten Handlungen sind diese vor allem extrinsisch motiviert. Das heißt, es liegt vor allem ein äußerer Belohnungsreiz vor, der dazu führt, dass die Aufgabe bewältigt wird. Dies kann also beispielsweise dann vorliegen, wenn die Person für die Tätigkeit Geld bekommt. Intrinsische Motivation ist jedoch selbstbestimmt. Die Handlung wird deshalb durchgeführt, weil der Mensch tatsächlich sehr an dieser interessiert ist und Freude daran hat.

NUTZEN VON CHARAKTERSTÄRKEN

Auch dieses Konzept baut zunächst auf einer Analyse auf, die sich jedoch mit den Tugenden des menschlichen Daseins beschäftigte. Es wurden hierzu die universellen Tugenden aus klassischen Schriften der größten Religionsgemeinschaften identifiziert. Diese fanden sich übergreifend in Schriften des Judentums, Christentums, Islam und dem Buddhismus sowie in der antiken griechischen Philosophie. Es stellten sich hierbei sechs Kerntugenden heraus, welche in unterschiedlichen Kulturen und Traditionen als besonders wichtig und vorteilhaft hervorgehoben wurden. Unter diesen Kerntugenden lassen sich dann wiederum die Charakterstärken fassen. In Interventionsstudien ließ sich erkennen, dass der regelmäßige Einsatz dieser Charakterstärken das subjektive Glückserleben eines Menschen steigern kann. Aber was sind nun diese Kerntugenden und ihre dazugehörigen Charakterstärken?

Die Tugenden und ihre Charakterstärken

Im Folgenden werden die sechs Kerntugenden und ihre zugehörigen Charakterstärken aufgelistet:

1. Mut: Tapferkeit, Beharrlichkeit, Integrität und Vitalität

2. Gerechtigkeit: soziale Verantwortung, Fairness und Führungsstärke

3. Weisheit: Kreativität, Neugier, Aufgeschlossenheit, Lernfreude und Perspektive

4. Mäßigung: Vergeben und Mitleid, Demut und Bescheidenheit, Besonnenheit und Selbstregulation

5. Menschlichkeit: Liebe, Freundlichkeit und soziale Intelligenz

6. Transzendenz: Wertschätzung von Schönheit und Exzellenz, Dankbarkeit, Hoffnung, Humor und Spiritualität.

Wie Sie dieses Wissen im Alltag anwenden können

Nun haben Sie einen ersten wissenschaftlichen Rahmen der positiven Psychologie kennengelernt und wissen um die Strategien, die sie uns bietet, um dem persönlichen Glück auf die Sprünge helfen zu können. Nun stellt sich nur noch die Frage, wie Sie dieses Wissen auch in Anwendung bringen können. Im Verlauf werden Sie nun einige praktische Übungen kennenlernen, die Ihnen dabei helfen sollen, Ihren eigenen Weg und passende

Möglichkeiten zu finden, dieses Wissen in den Alltag zu übertragen.

ACHTSAMKEITSÜBUNGEN

Zunächst wenden wir uns den Möglichkeiten zu, Achtsamkeit zu praktizieren. Diese geht uns im stressigen Alltag schnell verloren und muss von den meisten Menschen daher erst einmal geübt werden. Es werden Ihnen unterschiedliche Varianten der Achtsamkeit präsentiert, um eine umfassende Idee zu bekommen, wie Sie diese am besten in ihren Tag integrieren können. Achtsamkeitsübungen können Ihnen dabei helfen, Ihre Umwelt und auch Ihre inneren Befindlichkeiten wahrzunehmen.

Außerdem geht es hier um das Erleben des gegenwärtigen Moments, was das ständige Grübeln über die noch zu erledigenden Aufgaben stoppen kann. Wie oft nehmen Sie in Ihrem Alltag einfach einmal den gegenwärtigen Moment mit all Ihren Sinnen so wahr, wie er gerade ist? Sie denken also nicht an die immer nächste Sache, die sie noch zu erledigen haben? „Was muss ich heute noch einkaufen?", oder „Ich muss später noch ein Geschenk für Tante Martha bestellen." Solche Gedanken über die Zukunft sind der ständige Begleiter vieler Menschen. Aber auch die Vergangenheit wird gern immer wieder im Kopf abgespielt. „War es unangemessen, als ich gestern bei dem Meeting früher gehen musste?" Wenn Sie diese Phänomene auch bei sich beobachten können, wird die Achtsamkeit für Sie eine willkommene Methode sein, um diese Prozesse immer bewusster wahrzunehmen. Es werden solche Übungen vorgestellt, die möglichst einfach in den Alltag einzubringen sind.

Achtsames Kaffeetrinken

Gehören Sie auch zu den Menschen, die morgens erst einmal ihren Kaffee brauchen, um so richtig in Fahrt für den anstehenden Tag zu kommen? Aber auch mit einem Tee oder Ähnlichem können Sie die folgende Übung in Ihren Tag integrieren und dadurch achtsamer werden. Wenn der Kaffee oder Tee schon zu Ihrem festen Morgenritual gehört, dann passiert es schnell, dass Sie ihn gar nicht mehr richtig mitbekommen. Vielleicht trinken Sie ihn, während Sie die morgendliche Zeitung lesen oder mit Ihrer Aufmerksamkeit bei ganz anderen Tätigkeiten sind als bei Ihrem Kaffee. An diesem Beispiel lässt sich ein achtsamer Umgang einfach erklären und somit auch auf beliebige andere Situationen in Ihrem Leben übertragen.

Wenn Sie also das nächste Mal Ihren Kaffee (oder Tee) zubereiten, können Sie schon bei der Zubereitung damit starten, achtsamer in Ihrer Wahrnehmung zu werden. Sehen Sie sich zunächst den gemahlenen Kaffee an. Sie können auch gern einmal fühlen, wie sich dieser anfühlt. Ist er schon gemahlen? Wie riecht der Kaffee? Nehmen Sie alles genau wahr und nehmen Sie sich reichlich Zeit dazu, den Kaffee mit allen Sinnen wahrzunehmen.

Vielleicht bereiten Sie Ihren Kaffee auch mit ganzen Bohnen zu. Wie fühlt sich so eine Bohne an? Wie ist sie beschaffen? Ist sie eher warm oder kalt? Ist sie erstaunlich leicht oder schwer? Auch bei dem Aufbrühen des Kaffees können alle Sinne einbezogen werden. Wie hört es sich an, wenn der Kaffee durch die Maschine läuft? Und wie verändert sich vielleicht hier schon der Geruch des Kaffees? Kaffee setzt sich aus ganz vielen verschiedenen Aromen zusammen, die unterschiedliche Noten aufweisen können. Diese wahrzunehmen, können Sie schulen, so wie bei einem guten Wein. Wie bereiten Sie Ihren Kaffee dann weiter zu?

Trinken Sie ihn gern schwarz oder fügen Sie lieber noch einen Schluck Milch oder Zucker hinzu? Riechen Sie noch einmal bewusst an Ihrem Kaffee und setzen Sie sich an einen bequemen Ort, an dem Sie ihn vollkommen genießen können. Wenn Sie dann sitzen, können Sie noch einmal spüren, wie die Tasse ganz warm geworden ist. Umfassen Sie sie mit beiden Händen. Dann führen Sie die Tasse zu Ihrem Mund und können nun einen ersten Schluck nehmen. Was können Sie alles schmecken? Wie schmeckt Ihr Kaffee? Vielleicht jeden Tag auch ein wenig anders, je nachdem, wie viel Zucker oder Milch Sie ihm beifügen?

Wie Sie schon erkennen können, geht es bei der Achtsamkeit im Besonderen darum, sich ganz bewusst auf die ausgeführte Tätigkeit zu konzentrieren. Das angeführte Beispiel können Sie ganz einfach auf jeden beliebigen Bereich Ihres Lebens ausweiten. Sie können achtsam duschen oder auch achtsam ein Buch lesen. Achtsamkeit hilft dann dabei, den Moment verstärkt wahrzunehmen und voll zu genießen.

Meditationstechniken
Eine weitere bewährte Möglichkeit, um Achtsamkeit zu erhöhen, ist die Meditation. Es gibt viele unterschiedliche Arten an Meditationen, die Sie ausprobieren können. Dazu zählen Geh-Meditationen, Atem-Meditationen oder auch geführte Meditationen. Auch Yoga gilt beispielsweise als eine Art des Meditierens. Um einen einfachen Einstieg zu geben, wenden wir uns zunächst einer Form der Meditation zu, die für den

Anfang geeignet ist. Es geht bei der Meditation nicht darum, alles richtigzumachen. Es ist dabei vollkommen normal, wenn dies zu Anfang eine große Herausforderung zu sein scheint oder Ihre Gedanken immer wieder abschweifen. Wenn Sie merken, dass Sie nicht mehr fokussiert sind, dann lenken Sie Ihre Aufmerksamkeit einfach wieder zurück zu Ihrer Meditation, ohne sich dafür zu verurteilen.

Bodyscan
Einen recht einfachen Einstieg in die Meditation bietet ein sogenannter Bodyscan. Setzen Sie sich hierfür einfach an einen bequemen Ort. Wenn Sie möchten, können Sie diese Meditation auch im Liegen durchführen. Wenn es für Sie möglich und angenehm ist, schließen Sie Ihre Augen. Andernfalls ist es zu empfehlen, sich auf einen Punkt im Raum zu fokussieren und diesen zu fixieren. Spüren Sie zu Anfang einmal in Ihren Körper.

Wie fühlt sich dieser in dem gegenwärtigen Moment an? Gibt es Verspannungen, die Sie bemerken können? Wo befinden sich diese? Ist Ihr Körper im Gesamten eher verspannt oder entspannt? Spüren Sie für eine oder zwei Minuten einfach ganz bewusst in Ihren Körper hinein. Wandern Sie dann zu Anfang mit Ihrer Aufmerksamkeit zu Ihrem linken Bein. Wie fühlt sich das Bein an? Ist es leicht oder eher schwer? Gibt es an dieser Stelle Verspannungen? Bleiben Sie mit Ihrem Fokus für circa eine Minute auf diesem Bein. Langsam wandern Sie dann Schritt für Schritt weiter durch Ihren Körper. Sie können zu Ihrem rechten Bein wandern und die Empfindungen mit dem linken Bein vergleichen. Fühlt sich etwas anders an? Wenn ja, was ist das? Dann wandern Sie mit der Zeit weiter zu Ihren Hüften, zu Ihrem Bauch, dann zu Ihrem Rücken, den Schultern und zu Ihrem Brustkorb. Auch die Arme können Sie betrachten und zuletzt Ihren Nacken und Kopf. Diese Übung holt Sie nun wieder in den aktuellen Moment und hilft Ihnen, Ihre inneren Empfindungen besser wahrzunehmen.

Sie werden vielleicht merken, wie Sie im Verlauf der Übung immer weiter entspannen und immer mehr entdecken können. Sie können die Übung auch nach Belieben anpassen und je nach verfügbarer Zeit Körperregionen weglassen oder noch detailreicher vorgehen. Sie können also auch jeden Finger einzeln beobachten, wenn Sie das möchten. Gestalten Sie die Übung immer so, wie Sie in Ihren Alltag passt. Auch, wenn Sie sich nur einmal hinlegen und in Ihren Körper als große Einheit hineinspüren, ist dies genug. Es geht bei der Meditation nicht um Leistung, die erbracht werden muss.

Kleine Atem-Meditation

Eine weitere Art zu meditieren, die sich vor allem für Anfänger eignet, ist die Atem-Meditation. Für diese setzen Sie sich am besten hin. Sie können sich auf den Boden setzen, aber auch auf einen Stuhl. Achten Sie darauf, dass der Rücken hierbei keinen Kontakt zu der Lehne hat und die Füße fest auf dem Boden stehen. Dann schließen Sie die Augen und fangen an, tief ein- und auszuatmen. Spüren Sie, wie Ihr Bauch sich hebt und wieder senkt und wie die Luft durch Ihre Nase in Ihre Lungen strömt. Zählen Sie bei der Einatmung bis vier und halten Sie einen Moment lang inne. Dann atmen Sie wieder vier Einheiten lang aus.

Beobachten Sie Ihren Atem genau. Wenn Ihre Aufmerksamkeit abweicht, ist das nicht schlimm. Holen Sie sie einfach behutsam wieder zurück zu Ihrem Atem. Versuchen Sie nach einigen Atemzügen, auch in den Pausen bis vier zu zählen. Vier Einheiten einatmen, vier Einheiten halten, vier Einheiten ausatmen und vier Einheiten halten. Diesen Zyklus wiederholen Sie dann immer wieder. Probieren Sie es anfangs nur ein paar Minuten lang. Sie werden feststellen, dass Ihnen die Übung mit der Zeit immer einfacher fallen wird.

Der achtsame Spaziergang

Eine weitere schöne Möglichkeit, um Achtsamkeit zu praktizieren, ist der achtsame Spaziergang. Dieser kann sehr spannend sein und ist auch beeinflusst durch die Jahreszeiten und Witterungsbedingungen sehr vielfältig. Hierzu gehen Sie einfach eine kleine Runde spazieren. Hierbei ist es nicht wichtig, wo sie es tun, denn Achtsamkeit kann an jedem Ort praktiziert werden. Stellen Sie sich beispielhaft einen kleinen Waldweg vor. Es ist Oktober und die Sonne scheint durch die Blätter. Der achtsame Spazierende zeichnet sich dadurch aus, dass er sich ganz viel Zeit nimmt, die Dinge um ihn herum wahrzunehmen und zu beobachten. Gehen Sie mit offenem Blick durch die Welt und schauen Sie sich ganz genau um. Nehmen Sie die Sonne auf Ihrer Haut wahr.

Ist diese angenehm warm oder sogar heiß? Und was löst die Sonne in Ihnen aus? Wie verändert sich diese Wahrnehmung, sobald Sie in den Schatten treten? Hören Sie etwas? Vielleicht die Blätter, durch die der Wind fährt? Oder ein Gewässer in der Ferne? Vielleicht riechen Sie auch etwas. Im Frühling und Sommer können es die Blüten sein, die ihren süßen Duft abgeben, oder Sie riechen das frisch gemähte Gras in den Vorgärten. Schauen Sie sich dann gern noch einmal bewusst um. Sehen Sie die Blätter in den Bäumen tanzen oder das Licht, das sich im Teich spiegelt, an dem Sie vorbeikommen? Sie werden mit der Zeit merken, wie viel auf einem solchen Spaziergang zu entdecken ist.

Es geht bei der Achtsamkeit viel um die unterschiedlichen Sinne. Auch hierzu gibt es eine kleine Übung. Konzentrieren Sie sich hierzu immer separat auf einen der fünf Sinne. Nennen Sie je fünf Dinge, die Sie hören, sehen, riechen und fühlen können. Vielleicht finden Sie sogar etwas, das Sie schmecken können. Im Spätsommer hat der Wald viele kleine Überraschungen zu bieten.

Aber auch diese Übung ist in andere Szenarien übertragbar. Auch der Regen auf der Haut kann wahrgenommen werden, ohne ihn zu bewerten. Oder die Autogeräusche auf dem Arbeitsweg können mit Interesse betrachtet werden. Es braucht nicht unbedingt einen idyllischen Herbsttag im Wald, um achtsam spazieren zu gehen.

Eine Traumreise

Eine weitere Methode, um zu entspannen, kann eine Traumreise sein. Legen Sie sich hierzu gern hin und nehmen Sie sich ein paar Minuten Zeit, um ganz im Hier und Jetzt anzukommen. Atmen Sie tief und gleichmäßig ein und wieder aus. Schließen Sie außerdem gern Ihre Augen, wenn es für Sie angenehm ist. Wenn Sie Ihre innere Ruhe gefunden haben, denken Sie zunächst an eine große weite und grüne Wiese. Es ist ein Sommertag, etwa im Juni und die Sonne scheint warm auf Ihr Gesicht. Sie schließen die Augen und Sie nehmen einen tiefen Atemzug. Die Luft riecht leicht süßlich nach Blumen und Gras und Sie spüren, wie ein leichter, warmer Wind weht.

Langsam öffnen Sie in Ihrer Vorstellung die Augen und sehen eine leicht hügelige Landschaft vor Ihnen liegen. Sie hören Bienen summen und das Gezwitscher der Vögel in den Bäumen in der Ferne. Sie hören das Geplätscher eines Baches, den Sie aber nur in der Ferne sehen können. Langsam gehen Sie weiter. Sie spüren das Gras unter Ihren Füßen und den leicht kühlen Boden. Sie gehen immer weiter und langsam den kleinen Hügel hinauf. Oben angekommen, können Sie in das Tal sehen. Sie sehen in der Ferne eine kleine Holzhütte und Tiere, die auf der Weide stehen. Pferde und Kühe, die in der Sonne liegen, die spielen und das satt grüne Gras fressen. Und Sie sehen etwas Ungewöhnliches. Ein riesiges buntes Tuch, so sieht es zumindest aus. Als Sie näher kommen, können Sie erkennen, dass es sich um einen riesigen Heißluftballon handelt. Langsam bläst der bunte Ballon sich auf und Sie können erkennen, dass eine junge Frau darin sitzt. Sie sieht freundlich und irgendwie sehr vertraut aus. Wie selbstverständlich bietet Sie Ihnen an, sie bei ihrem Flug zu begleiten. Und Sie zögern nicht. Alles fühlt sich so richtig an. Sie wissen, dass Ihnen nichts passieren kann, und steigen zu ihr in den Korb des Ballons. Langsam hebt dieser ab. Immer höher und höher steigen Sie zusammen und die Felder und das kleine Haus werden immer kleiner. Sie schauen sich um und können immer weiter, immer mehr um Sie herum sehen. Kleine Straßen, die sich kreuzen, und Wälder, die so grün und lebendig wirken. Die Sonne strahlt über die gelben Weizenfelder und erleuchtet die ganze Welt um Sie herum in den schönsten und buntesten Farben.

Sie fühlen sich so frei wie nie zuvor und empfinden einen tiefen inneren Frieden. Ein Vogel fliegt an Ihrem Ballon vorbei und Sie sitzen friedlich und schweigend zusammen da und genießen den Ausblick. Langsam wird es dämmerig und der Ballon sinkt weiter und weiter in Richtung Erde hinab. Es ist ein lauer Sommerabend. Sie ziehen sich eine leichte Jacke über die Arme und atmen noch einmal tief durch. Wieder am Boden angekommen, steigen Sie aus und bedanken sich bei der jungen Frau für diesen wunderschönen

Tag. Ihre Füße berühren wieder die Erde und langsam gehen Sie in Richtung der Straße. Langsam kommen Sie wieder in dem Raum an, in dem Sie sich gerade befinden. Spüren Sie den Kontakt zu Ihrem Untergrund und atmen Sie ganz bewusst ein und aus. Bewegen Sie Ihre Arme und Beine. Recken und strecken Sie sich, wenn Sie es möchten. Dann öffnen Sie, wenn Sie dazu bereit sind, die Augen und kommen wieder ganz im Hier und Jetzt an.

WIEDER IN DEN FLOW KOMMEN

Auch das Erleben von Flow-Zuständen kann das Glücksempfinden erhöhen. Vielleicht kennen Sie solche Zustände bereits von sich selbst. Diese zeichnen sich durch ein vollkommenes Versunken-Sein in die ausgeführte Tätigkeit aus. Die Zeit scheint auf einmal wie im Flug zu vergehen und Ihre Motivation, diese weiterzuführen, scheint ins Unermessliche zu gehen. Solche Tätigkeiten sind oftmals Dinge, die Menschen als ihre Hobbys bezeichnen. Um einen Flow zu erzeugen, sollten Sie sich also fragen, welche Tätigkeiten so einen Zustand bei Ihnen auslösen können.

Worin gehen Sie voll auf?

Diese Frage ist für den einen schnell zu beantworten, andere müssen hierbei jedoch ein bisschen länger überlegen. Vielleicht lieben Sie es zu kochen oder Sie basteln gern. Auch kann es sein, dass Sie Technik lieben oder kleine Programme am Computer austüfteln. Wenn Sie eine solche Tätigkeit kennen, die Sie in den Flow bringt, wissen Sie, wie gut sich das anfühlen kann. Aber was ist, wenn Sie gar nicht wissen, was Ihnen so guttut und Sie so in den Bann zieht, dass Sie Zeit und Raum um Sie herum vergessen?

Ein Blick in die Vergangenheit

Oftmals lohnt sich hier ein Blick in die eigene Vergangenheit und Kindheit. Gab es damals solche Zustände, an die Sie sich erinnern können? Vielleicht liebten Sie es damals zu malen? Oder Sie spielten stundenlang mit Bauklötzen. Wenn Ihnen hierbei etwas einfällt, dann können Sie sich fragen, ob es eine Möglichkeit gibt, diese Tätigkeit wieder in Ihr Leben zu holen. Vielleicht auch in abgewandelter Form. Um sich auf die Suche zu begeben, können Sie beispielsweise anfangen, statt abends wie üblich vor dem TV-Programm zu sitzen, ein Bild zu malen. Sie können jedoch auch versuchen, neue Dinge auszuprobieren, die Sie zuvor nie in Betracht gezogen haben. Vielleicht haben Sie aber bereits Ideen, denen Sie jedoch nie nachgekommen sind. Sie wollten sich schon immer mal in einem Töpferkurs anmelden? Oder auch in einem Yoga-Programm? Dann ist es nun der beste Zeitpunkt. Probieren Sie ruhig aus, was Ihnen so richtig Spaß macht. Wenn Sie das für Sie Passende gefunden haben, haben Sie ein einfaches Werkzeug an der Hand, um mehr Erfüllung und Glück in Ihren Alltag zu bringen. Planen Sie sich hierzu am besten feste Zeiten ein, um dieser Tätigkeit regelmäßig nachgehen zu können.

CHARAKTERSTÄRKEN IN ANWENDUNG BRINGEN

Es gibt viele Charakterstärken, welche bei einem regelmäßigen Gebrauch im Alltag das Empfinden von Glück erhöhen können. Diese wurden Ihnen bereits aufgelistet. Um jedoch eine konkrete Anwendung in Ihrem Leben zu finden, können Sie mit kleinen Übungen Ihrem Ziel näherkommen und somit eine Regelmäßigkeit etablieren.

Dankbarkeit praktizieren

Die Dankbarkeit ist eine Charakterstärke, die der Kerntugend Transzendenz zugeordnet ist. Wenn Sie Dankbarkeit üben, werden Sie mit der Zeit sehen, wie reich Ihr bisheriges Leben schon ist. Oftmals fällt uns heute vor allem der Mangel auf, der in unserem Leben zu herrschen scheint. Was wir noch nicht haben oder erreicht haben, steht ständig in einem Fokus unseres Lebens. Wie können wir noch mehr erreichen?

Wenn Sie sich darin üben, Dankbarkeit zu fühlen und immer wieder zu praktizieren, schaffen Sie einen neuen Blick auf Ihre Situation. Nur ein paar Minuten am Tag können bereits helfen, eine neue Perspektive zu erlangen. Sie können Dankbarkeit in vielen Bereichen des Alltages praktizieren, die oftmals als selbstverständlich angesehen werden. Wenn Sie einmal angefangen haben, sich mit der Fülle Ihres Lebens zu beschäftigen, werden Sie immer weitere Dinge finden, für die Sie dankbar sein können.

Dankbarkeit für jede Mahlzeit des Tages

Bei unseren heutigen westlichen Lebensbedingungen nehmen wir es oft schon als selbstverständlich wahr, dass uns Nahrung im Überfluss zur Verfügung steht. Unseren Kindern erzählen wir es noch öfter, dass sie dankbar sein sollen für ihre Mahlzeiten. Dass es andere Kinder gibt, die nicht so ein Glück haben wie sie. Aber selbst praktizieren wir diese Dankbarkeit, die wir unseren Kindern zu vermitteln versuchen, viel zu selten. Hierzu können Sie sich einfach vor dem Essen einer jeden Mahlzeit eine Minute Zeit nehmen. Halten Sie dazu einfach eine Weile inne, bevor Sie Ihr Gericht verzehren, und versuchen Sie, dankbar dafür zu sein. Sie können sich bei der Natur für fruchtbare Böden und den Regen bedanken und somit für das Gemüse oder Obst, dass Sie essen. Für diejenigen, die es für Sie geerntet haben. Aber auch bei jedem Stück Fleisch, welches Sie verzehren, große Dankbarkeit empfinden.

Wenn Sie diese kleine Auszeit vor dem Essen etablieren, sehen Sie Ihr Mahl schnell mit anderen Augen und können seine Wertigkeit neu erfassen. Ein schöner Nebeneffekt ist, dass Sie somit auch Ihren Kindern ein Vorbild sein können und ihnen diese gepredigte Dankbarkeit auch aktiv vermitteln. Wenn Sie es dann schaffen, diese vermeintlichen Selbstverständlichkeiten aus einem neuen Blickwinkel zu betrachten, werden Sie mehr Fülle in Ihrem Leben verspüren und hierdurch auch mehr Glück.

Dankbarkeit für Ihre Gesundheit

Auch die Gesundheit ist oft so lange selbstverständlich, bis sie auf einmal beeinträchtigt ist. Aber auch, wenn Sie bereits kleine eigene Baustellen haben, was Ihr gesundheitliches Wohlbefinden anbelangt, schadet es nicht, einen Blick auf all die Komponenten zu lenken, die trotz dessen weiterhin gut funktionieren. Auch hier lohnt es sich also, Dankbarkeit häufiger zu praktizieren. Dies können Sie überall tun. Vielleicht im Liegen, wenn Sie zu Bett gehen, oder auch im Stehen, wenn Sie ohnehin auf den Bus warten und diese Zeit sinnvoll nutzen wollen.

Auch dabei gibt es unterschiedliche Arten, diese Dankbarkeit zu fühlen. Sie können sich zunächst überlegen, was Ihr Körper alles kann und wie er Ihnen dient. Danken Sie ihm, dass Sie laufen können, tanzen können. Danken Sie Ihren Augen, dass Sie sehen können und Ihren Ohren, dass Sie hören können. Danken Sie Ihrem Immunsystem, dass es Sie beschützt und alles dafür tut, um Sie gesund zu halten. Sie können sich auch auf bestimmte Organe in Ihrem Körper fokussieren. Danken Sie zum Beispiel Ihrer Leber, dass sie Ihren Körper entgiftet und dafür sorgt, dass Sie sich so gesund fühlen können, wie Sie es tun.

Wie Sie sehen, gibt es ganz unterschiedliche Arten, Ihrem Körper zu danken und Ihre Gesundheit einmal bewusst zu erfassen. Auch hier können Sie wieder nach eigenem Empfinden und zeitlichen Möglichkeiten variieren. Es geht weniger darum, die Übungen lange zu praktizieren, als dass Sie sich regelmäßig kleine Einheiten vornehmen. Auch wenige Minuten können schon große Wirkung zeigen, wenn Sie täglich daran zu denken versuchen.

Soziale Verantwortung leben

Eine weitere wichtige Charakterstärke, die der Kerntugend Gerechtigkeit zugeordnet ist, ist die soziale Verantwortung. Einen eigenen Beitrag in der Gesellschaft zu leisten, in der man lebt, kann erheblich dazu beitragen, zufriedener und erfüllter zu sein. Um soziale Verantwortung zu übernehmen, bieten sich unterschiedliche Möglichkeiten an. Beispielsweise kann dies durch die Ausführung eines Ehrenamtes geschehen.

Sich für andere einzusetzen, kann Freude auslösen und dem eigenen Leben erhöhtes Sinnesempfinden verleihen. Zudem kann das Gefühl, anderen zu helfen, zu der Ausschüttung der sogenannten Glückshormone wie Oxytocin führen. Stresshormone hingegen werden dabei auf der anderen Seite zurückgedrängt. Ehrenamtliche Arbeit kann in unterschiedlichen Bereichen erfolgen. Sie können den direkten Kontakt mit anderen Menschen in den Vordergrund stellen.

Aber auch andere Tätigkeiten sind möglich, die vorwiegend Organisationstalent erfordern. Zudem ist das Arbeiten mit Tieren möglich. Dem Ehrenamt sind also kaum Grenzen gesetzt. Somit können beide Seiten von dem übernommenen Ehrenamt profitieren. Auch im privaten Umfeld können Sie sich umschauen, ob Sie jemandem etwas Gutes tun können. Aber auch in anderen Bereichen ist es möglich, sozial verantwortlich zu handeln. Beispielsweise können Sie versuchen, sich umweltbewusster zu verhalten und zu konsumieren. Vielleicht versuchen Sie, kleinere Wege mit dem Fahrrad, anstatt mit dem Auto zu bewältigen. Oder Sie achten verstärkt darauf, weniger Plastik zu verwenden, und kaufen möglichst regional ein. Finden Sie hierbei die Bereiche, die Ihnen Freude machen und Sie erfüllen.

Die eigene Kreativität ausleben

Eine wichtige Charakterstärke, welche mit der Kerntugend Weisheit in Verbindung steht, ist die Kreativität. Diese befähigt den Menschen, etwas Neues zu schaffen, und kann in ganz unterschiedlichen Formen ausgelebt werden. Auch die Kreativität wird im Zusammenhang gesehen mit einem verbesserten emotionalen Wohlbefinden und den vorher genannten Flow-Erlebnissen. Es gibt die Möglichkeit, in künstlerischen Bereichen die Kreativität auszuleben, wie dem Zeichnen oder anderen Bastelarbeiten.

Aber auch im handwerklichen Bereich kann diese gut gelebt werden. Hierbei kann Holz bearbeitet werden oder Handarbeiten wie das Stricken, Nähen oder

Häkeln erlernt werden. Bei einem Handwerk empfinden es viele Menschen als befriedigend, ein direktes Ergebnis ihrer Arbeit zu sehen. Dieser Umstand führt oftmals zu Freude und Stolz und wirkt somit Glück-steigernd. Aber auch in der Küche kann durch Kochen und Backen die eigene Kreativität ausgelebt werden. Kreieren Sie neue Gerichte und probieren Sie ruhig mutig neue Dinge aus.

Weitere klassische Bereiche, die sehr kreativ sind, sind die Musik und das Schreiben. Vielleicht wenden Sie sich dem lyrischen Teil in Ihnen zu oder lernen ein neues Instrument. Wie Sie sehen, kann diese Charakterstärke in verschiedenen Bereichen zur Anwendung gebracht werden. Scheuen Sie sich nicht, Ihrer Kreativität freien Lauf zu lassen.

Die positive Psychologie in der Zukunft

Die positive Psychologie gehört eher zu den jüngeren Fachgebieten der psychologischen Forschung. Jedoch können ihre Erkenntnisse einen erheblichen Nutzen für gesellschaftliche und politische Themen bieten. Da Glück und Wohlbefinden von den meisten Menschen als sehr wichtig bewertet werden, werden diese Komponenten immer häufiger von Soziologen und Politikwissenschaftlern betrachtet. Außerdem bieten sich durch ein erhöhtes subjektives Wohlbefinden gesellschaftliche Vorteile, die Sie im Vorherigen schon kennengelernt haben. Ein erhöhtes Wohlbefinden hat positive Auswirkungen auf die Gesundheit einer Gesellschaft. Aber auch eine bessere Arbeitsleistung und geringere Arbeitslosigkeit lässt sich verzeichnen, wenn die Bürger eines Landes vorwiegend glücklich sind.

Indem diese Bausteine intensiver beforscht werden, können Zusammenhänge zwischen politischen Entscheidungen oder anderen gesellschaftlichen Bedingungen und dem Wohlbefinden der Population aufgedeckt werden. Die positive Psychologie ist also ein wichtiger Bestandteil zukünftiger Forschungen und Entscheidungen und verspricht somit einen gesellschaftlichen und wirtschaftlichen Nutzen.

Regelmäßigkeit ist der Schlüssel

Wie Sie es vielleicht aus den verschiedenen Abschnitten schon herauslesen konnten, geht es weniger darum, sich lange Einheiten der verschiedenen Übungen vorzunehmen. Vielmehr kann es Ihnen langfristig helfen, ein glücklicheres Leben zu führen, wenn Sie regelmäßig kleine Einheiten in Ihren Alltag einbauen. Es gibt Untersuchungen dazu, dass es ungefähr zwei Monate braucht, um eine neue Verhaltensweise zur Gewohnheit werden zu lassen. Wenn Sie also möchten, dass Sie routinierter darin werden, die kleinen Übungen auszuführen, bedeutet das in den ersten Wochen ein bisschen Arbeit. Sie werden jedoch feststellen, dass sich es lohnen wird, diese Zeit in Ihr Leben zu investieren. Denn wenn Sie diese Routine einmal etabliert haben, werden Sie wie automatisch an die kleinen Auszeiten denken, die Sie sich nehmen können, um achtsam oder auch dankbar zu sein. Seien Sie aber auch nicht zu streng zu sich selbst. Wir alle haben Tage, an denen wir es dann doch nicht schaffen werden, das Gelesene umzusetzen.

Finden Sie Ihren eigenen Weg

Bei all den vorgestellten Übungen werden Sie feststellen, dass Ihnen einige Strategien eher entsprechen als andere. Probieren Sie jedoch gern unterschiedliche Wege aus, um Ihr Leben zu bereichern. Sie werden dann merken, dass es Übungen gibt, mit denen Sie besonders gut arbeiten können. Zudem besteht immer die Möglichkeit, auch eigene Übungen zu kreieren, indem Sie das Gelernte auf ähnliche Situationen übertragen. Ihrer Kreativität sind hierbei keine Grenzen gesetzt. Sie können für unterschiedliche Dinge in Ihrem Leben Dankbarkeit

empfinden. Aber auch die Achtsamkeitsübungen können Sie auf beliebige andere Bereiche in Ihrem Alltag
übertragen. Wenn Sie keinen Tee oder Kaffee trinken,
können Sie auch Ihre Mahlzeiten achtsam essen oder
Sie lesen achtsam ein Buch und fühlen den Einband
und die Seiten einmal ganz deutlich. Es geht vor allem
darum, dass Sie sich bei den vorgeschlagenen Möglichkeiten wohlfühlen und sie gern praktizieren. Finden
Sie mit der Zeit Ihren eigenen Weg.

Glücksgefühle entstehen im Fluss

Sie haben nun die Grundsätze und historischen Hintergründe der positiven Psychologie kennengelernt. Sie sehen, dass es viele unterschiedliche Wege geben kann, um das eigene Glück und Wohlbefinden verbessern zu können.

Vielleicht ist Ihnen auch aufgefallen, dass es bei den verschiedenen Übungen immer wieder kleine Überschneidungen geben kann. Wenn Sie nun also mehr soziale Verantwortung leben wollen und der Umwelt zuliebe mehr Fahrrad fahren, tun Sie gleichzeitig etwas für Ihre eigene Gesundheit.

Alles steht also miteinander in Verbindung. Das ganze Leben ist ein Fluss. Die aufgeführten Übungen gehen also Hand in Hand. Wenn Sie Ihre eigene Routine gefunden haben, werden Sie merken, wie Ihr Leben sich auf den unterschiedlichen Ebenen verändern kann. Hierzu empfiehlt sich, dass Sie eine Art Tagebuch führen. Dies können Sie bestenfalls regelmäßig schreiben, aber es ist genauso spannend, den zuvor dokumentierten Ausgangszustand nach einigen Monaten erneut zu betrachten. Auf diese Weise werden kleine und stetige Veränderungen, die Sie im Prozess nicht so deutlich bemerken, auf einen Schlag sichtbar werden.

Probieren Sie es selbst aus. Nach diesem Ratgeber haben Sie ein umfassendes Wissen, wie Sie den Alltag entschleunigen und auf die Gesundheit und Freude von sich und Ihren Liebsten achten können. Die positive Psychologie bietet uns facettenreiche Anhaltspunkte, um ein erfülltes und glückliches Leben zu etablieren. Viel Glück dabei!

Herstellung und Verlag:

BoD – Books on Demand, Norderstedt

ISBN: 9783754351277

1. Auflage

Kontakt: Psiana eCom UG/ Berumer Str. 44/ 26844 Jemgum

Covergestaltung: Fenna Larsson

Coverfoto: depositphotos.com